Tae the folk o Aiberdeen,
city o unheard vyces

DWAMS

Shane Strachan

Published in 2024 by Tapsalteerie
Tarland, Aberdeenshire
www.tapsalteerie.co.uk

ISBN: 978-1-9162148-8-0

Printed and bound by Imprint Digital, UK

*Tapsalteerie gratefully thank the Scots Language Publication Grant
for their help towards the publication of this book*

DREEPIN

You have one new message.
Message received 14th September 1969.

Hello sexy, it's me,
yer North Sea sugar daddy –
weet, sweet and fiery!
God's gift tae modernity!

Eence ye've wined and dined her,
jist leave yer wife behind,
flee tae yer man-made island
and dive in deep beneath,
get yersel sypin weet – seepin!
Pump them pipelines – dreepin!

Mind that time back in '69?
Oooh, it was love at first sicht
fan ye drilled me
doon at the bottom
o the deep blue sea,
unleashed this genie's
tie-dye-rainbow slick
o thick viscous liquid – ee me!
Ye watched me undress,
witnessed time decompress –
heated, treated, refined... Oh yes!

Noo I'm here, dinna stress –
jist gie yer whip a crack,
sit back and relax...
and waatch this weet dream
licht up Aiberdeen
like a deus ex machina,
a god fae the machine,
saving the Granite City
fae anither tragic scene.

But mind and hud yer wheesht
aboot them little spills and leaks.
It's really best we keep
that atween you and me,
if ye want ma tae aye be
yer fossil funtasy.

Hello there sexy...

Come on noo darlin,
nae need tae peek!
I thocht you iyl-ies
were a tough breed –
the kind that ging intae jungles
and set up industries,
yet here ye are greetin
cause o thon flaming Saudis
drappin the price o a barrel
tae six dollars a piece.

Thon high-rolling Middle East sheiks
and Bunker Hunts in Texas
had the sinse tae tak control
o their assets!

Ken how?
They didna bow down
tae an Iron Lady, kowtow
like some little bitch.
Go on, admit it,
you Scots love tae
lay back and tak it,
love tae be subjigatit,

sub-par, submissive,
a sub-plot in ither's
master narratives.

Did I nae shower you in gifts,
gie ye a taste o being rich?
Aye, I'm nae the dictator here –
jist look fit your companies
have dictated tae ither countries
afore ye start wi me.

You want so desperately tae be
the JR Ewing o Aiberdeen
but ye'r nae the only een
climbing this pyramid scheme:
fishermen, bakers, candlestick makers
are aa roostaboots and roughnecks noo,
siccin aifter their ain fairytale fortune.

So if ye want to be the high heid-yin,
the Cock o the North in this region,
tak nae notice o them blimmin
former miner unionisers – jeez, min!

Och, it's a sair pleasure,
this boom and bust,
this sado-masochistic
rewaard and risk,
bound and gagged
wi threats o blacklistin.
(But keepin oor dirty secrets
gies you a wee kick, ken?)
Doon on the doonlow
spikkin oor technolingo
aboot gushers and blow oots,
big bears and bean chokes,
wellheads and shackle nuts,
drill fingers and dryholes...

Hey min, jist keep the heid –
ye want power, sex and money?
Then ye'll hae tae see aa these
tough times through,
itherwise, ye can gang and jiyn
the back o the dole queue.

Blowout: A Voice for the Offshore Worker,
July 1989, one year after the Piper Alpha Disaster

That 'safety is the first priority on the North Sea',
is an often repeated lie.
Only we, who stand to lose
our lives in the industry,
have safety as a priority.
On July 6th, workers throughout
the industry will remember
our colleagues who have died.
Government and oil companies will be told
that their regime is unacceptable.

Blowout, September 1990

Workers who sat in on East Shetland
basin platforms for twenty-four days last month,
have decisively ended a 25-year history
of total control by the oil companies offshore.
It took a series of one day strikes
by over 8000 workers throughout
the oil-fields to split the unity
of the oil companies and expose
their paranoia at any challenge
to their authority.

Blowout, **February 1991**

Oil & death: a familiar combination.
On the second day of the Gulf war,
oil prices dropped to $8.00 a barrel.
That was the biggest drop
ever in a single day.
One 20-year-old Scouse squaddie
in eastern Saudi Arabia seems clear too.
He told the Financial Times:
'It's not about freedom.
That's a load of crap.
It's all about oil and money.'

Beware the hidden blacklist.
Documentary evidence
is in Blowout's possession
which confirms the existence
of the offshore 'blacklist'.
And we have now discovered
that it operates using a second,
previously unknown database
which contains 'opinion' on workers'
personalities and characters.
For years, offshore workers have claimed
that the main obstacle to creating
a safe working environment has been fear
of the NRB (not required back)
and the blacklist. Many admit
to outright fear. Others acknowledge
that at the least they follow
a strategy of personal survival
which means never speaking out,
regardless of what the issue might be.

Blowout, January 1997

According to economic analysts, Wood Mackenzie,
Britain's offshore industry
has never been more profitable.
Production is currently running
at a record 2.78 million barrels per day
and is set to increase further in 1997.
But the real icing on the cake
is the dramatic reduction
in operating costs.
The WoodMac report attributes the drop
in operating costs to two main factors:
the big Piper safety-spend is over
and to CRINE (Cost Reduction
Initiative for a New Era).

Blowout, February 2001

Oasis Spanish Property SL
proudly present Torrevieja…
Possibly the most extensive range
of new Villas, Bungalows and Apartments.
Properties near beaches,
golf & all amenities.
Prices start from an incredible *£35,000!*
Phone for free brochure or free CD.

You have one new message.
Message received 11th July 2008.

Hiya sexy...
Even though ye like it rough,
throughoot the past twa decades
sometimes it's been ower tough,
but I'm chuffed we've sorted things oot
noo ye've got yer bonnie hoose
up in Rubislaa Den Sooth,
and aa them Caribbean cruises
tae keep the wife sweet
and shut yer bairns' mooths.

I'll be the first tae admit
that things have been a bittie crap!
There's been jitters ower waars
and terrorist attacks,
but look – aathing's been dandy
since Dick persuaded Bush
tae ging and invade Iraq.

Aye, it surely couldna'v hurt
thon Halliburton
tae get Iraqi oil squirtin.
Naebody cares there's nae
weapons o mass destruction
fan the price o a barrel o iyl
is sky-hurtlin!

Finally, I've made ye a self-made man,
so fit on earth could possibly ging wrang?

Hello? Sexy?
Are we nae spikkin?
Have ye really...
forgotten aboot me?

Did I nae keep you sweet
aa through the naughty noughties?
And noo ye dare decree
it's time tae gie up on me
for the likes o renewable energy?

Fae Amoco Cadiz
aff the coast o Brittany
tae Deepwatter Horizon
showing up BP,
faniver I ging public,
suddenly I'm obscene
and ye want to keep it clean,
mak on that yer turned on
by turning green...
Why can ye nae just dee
fit ye aye used tae wi me?
Pye aff yer government
tae swiftly avert their een.

Ye never used tae complain aboot
the spills, the smog and the smoke.
I thocht you liked it fan I wis dirty?
Ye liked tae gag, ye liked tae choke!

I ken things have got
messy alang the wye
and ye've lang tried
tae ditch me like a chopper,
but surely ye must see that
ye canna jist pump and dump me!
I'm 24 karat black gold, baby!

Fit's this aa aboot really?
Am I too... mature for you?

Frack off aa ye want,
but you'll seen realise
this hale time I've been seepin –
drip, drap, dreepin –
intae every orifice o yer life,
fae the petrol in yer car
tae the fake tits in yer wife.

Jist admit it!
I gave yer freedom,
yer liberty tae be aathing
ye ivver langed tae be...

You ken ye canna keep it aa.
Withoot. Keepin. Me.

Come on noo – I sweer
I'll mak ye a winner eence mair.
And fan ye'r a star
you can dee onything!
Grab 'em by the... drill pipe
and Mak Aiberdeen Great Again!

You have one new message.
Message received today at 9.15am.

Hello sexy...
We still nae spikkin?
Ye've left ma on read.
Little blue ticks.
The silent treatment?
Fucking dick.

Ye ken, I was *something* once.
Lang afore ye drew yer lines ower me –
yer national boundaries –
delineating yer country's
trust fund money fae me.
I was pockets o sunshine
converted intae forests o trees.
I glistened in plankton spunked up
on the beds o ancient seas –
a Sleeping Beauty transformit
intae glossy hydrocarbons
noo glowin in the bulb
abeen your heid. That's richt –
a Tyger Tyger burning bricht
wi that ancient, lang-lost licht.

I micht be an arra
fired through history,
but you're the een
that's decreed aathing dee.
It's aboot time
ye faced up tae reality –
ye'll never escape
oor fearful symmetry.

Ye've used up aa yer paper, yer combs,
yer fish, yer granite and coal,
and seen, fan ye'r desperate,
ony hole will be a goal.
You'll come runnin back
tae sook up the verra last
o my shales o iyl and gas –
a last grasp afore ye
burn, baby burn
in this disco inferno
and tak yer last gasp.

O, wad some power the giftie gie us
tae see oorsels as ithers see us!
Weel, dare ye look
through the glaiss, darkly,
ye winna see my face
like the Wizard o Oz
sittin ahin the curtain.

It'll be yer ainsel reflected back
in this antimatter black hole that
sooks you in, sook-by-sook,
til we seen cancel een anither oot.

But fa wis Orpheus?
And fa wis Eurydice?

Ashes tae ashes,
boom tae bust.
Oor blip in time.
Silence.
Dust.

The Chapel Silour

'Jock, when ye hae naething else to do, ye may be aye sticking
in a tree; it will be growing, Jock, when ye're sleeping.'
– *The Heart of Midlothian*, Walter Scott

The nails hiv bin lowsint
in the silour o oor chapel,
hault bi the hoolan winds –
the hale lift aboot tae faa
through oor brukken canapie.

We canna hing in nae mair:
cockie-bendies, leaves
an foggie brainches flee,
as lairicks an sprush lie doon
on the forest fleer.

The grun is heised up,
its steens and muck heich
abeen oor thorny croons,
grippit in the swirlie knots
o bruckle, thristie roots.

Fan the winds dee doon
oor ablachs bide unbeeriet
abeen the howkit earth
far oor chapel eence stood.

We'll aa be sleepin seen.

The Wardhoose

Throu these wee windas
    a sklinter o licht seeps in
        fae the warld ootside.

        Crammt in sandstane cells,
    bodies scrape and chaff bodies
as the air turns soor.

Hivvy chiyns weigh doon
    oor bleedin wrists tethert ticht
        wi iron padlocks.

        Like the granite steps
    ahin the widden cell door,
oor minds seen spiral.

We beg for watter,
    baal and greet fan we'r beatin
        and skirl in oor sleep.

        Seen we'll be silenced
    bi scold's bridle, chokin noose,
or blunt guillotine.

Throu these wee windas,
    this sklinter o licht fades fast
        tae the derk o nicht.

Dwams

Bide a wee mintie.
Lug in tae my reveries –
wheesht this city.

A breeze flichters roon
Aul Aiberdeen's cobbled streets.
Pink petal rain.

Simmer is here
wi a fite sheet o haar
tae blunket us.

Caul wave o watter.
The bus wheechs on past
us drookit rats.

Reeshle o leaves
in the gowden gairden.
The scurries skite.

Folk squint their een
on the caul winter street.
Low yalla sun.

Thawin watterfaa.
In Johnston Gairdens we cross
the brig thegither.

The curroos o doos
echo through the tunnel.
Nae alone noo.

Ye rush past aa fasht
an pechin hard, nae seein
this too shall pass.

Mica will glister
in the darkest o granite
if ye jist let it.

Majesty

After an advertisement in The Aberdeen Daily Journal
on Monday 3rd October 1904

Tender invitation
for the mason, carpenter,
plumber, plasterer,
smith, painter,
glazier, slater,
works of the new
His Majesty's Theatre.

A very handsome
addition to the city's
architectural amenities:
imposing, ornate
and in harmony
with the Free Church
and Carnegie library.

The porch is a massive
marble erection
in front of the higher-
priced parts of the house,
while a wrought-iron cover
will protect from the rain
those keeping dry
by the doors to the pit.

The furnishings will be elaborate,
artistic, comfortable
and convenient: marbled
and mosaicked floors,
decorated mahogany walls,
particularly chaste
by the Dress Circle –
a sign of good taste!

Beyond the fireproof curtain
and commodious stage,
for the 'stars' of today,
two of the dressing rooms
are furnished prettily,
and, if need be, the building
can empty quite speedily
with exits aplenty.

From the roof, Cupid rises
nine-feet high and flanked
by faux flambeaux
with flaring lights,
and beneath the pediment
there is to be, in large letters,
the name: HIS MAJESTY'S.

Scaffolding City

I am the scaffolding city,

hiding behind a facelift façade.

This time I will be more

than a quick red-brick

temporary fix – this time I'll be

grey-granite permanence.

From the depths of my sole-

boards to the timber beams

platforming the sky, leave me

to pipe dream myself proud

way up here, among the clouds.

Fuckin Foreigners

I

There's a chap at the door –
special delivery, courtesy o Grindr.
Ye pit doon yer glaiss o wine
and try tae mind far yer keys are.
Hud on – fit if it's a serial killer?
But he's messaged, 'I'm here'
through his Whatsapp number
and he didna murder ye last time.
But jist in case – anither swig o wine...

That's definitely him ahin the frosted glaiss
so why ye still so nervous? So fazed?
Och, here goes naething...

Ye open the door and burst oot laughin.
He's weerin this furry Chewbacca coat
that's straight oota Liberace's laft.
Oh god, ye'v aaready pissed him aff.
Wi a stuck-up nose, he swaans on past.

There's a mannie in yer lobby, Mary-Anne.
There's a mannie in yer lobby, Mary-Anne.

He says the coat's fae Boohoo Man
and aa ye can say is, 'Aww, boo-hoo!'
as ye gang through tae the living room,
tak deep breaths and try tae calm doon.

He's brought the same cheap bottle o reid
ye've been drinkin – LIDL's. Argentinian.
Ye spik some shite aboot drinkin green wine
thon time ye were ower in his capital – Lisbon.
He says they dinna hae it in Cascais, and besides –
he didna drink till he moved tae London,
so he widna'v tried it onywye. He rolls his eyes.

His curls glister as he taks a seat
and his seashell necklace rattles –
a gift fae his Cape Verdean grandfaither,
this string o wee coffee bean trivias.

Ye pour two massive glaisses o reid
as he peeks aboot his new job
in the back o some chain restaurant.
In his thick Portuguese accent he whines
that neen o the Portuguese chefs spik English.
Ye jist aboot pish yersel as ye ask if
this means he would have voted for Brexit?
He says it's mair tae dee wi their accent –
he disna like it, says it maks him feel sick.
So you start spikkin in yer strongest Doric,
but of course, he asks if ye'r spikkin Gaelic.

He taks a bag o peanuts oot his Boo-Hoo pooch,
then opens them and chucks a curn in his moo.
He complains aboot the men in Aiberdeen
as chunks o nut get stuck in his teeth.
Ye agree: 'All the good-looking ones leave.'
He replies, 'Nearly', but ye'r too consumed bi

yer auntie's vyce echoin roon yer heid:
'Why are aa the foreigners so fuckin ugly?'
Ye mind baith yer faces burnin reid
aifter ye telt her there was *Jist Nae Need*
and ye feel yer face burn reid again –
or is it jist an alco-flush heat fae aa the wine?
Argentinian. Cape Verdean. Aiberdeen.

A silence creeps intae the room as ye drink
tae avoid onymair spik o gays and Brexit.
Ye try tae fill the void by shovin on Netflix.
Ye canna help but yaan.
Ye start tae feel like shit.
It's two in the mornin.
Fuck sake – better get on wi it...
Ye reach ower and stroke
fae his thigh up tae his hip –
he turns tae ye wi closed een
and wine-stained lips.
As ye kiss, ye picter
aa the nuts stuck in his teeth
but cairry on till the bleed
runs sooth fae yer heid.
Ye tak him bi the han
and lead him intae the lobby.

There's a mannie in yer lobby, Mary-Anne.
There's a mannie in yer lobby, Mary-Anne.
There's a mannie in yer lobby
and he's playin wi his boaby,
There's a mannie in yer lobby, Mary-Anne.

Ye lie doon and sluggishly wriggle oot yer clyes
as he plays some music on his phone and writhes
aroon the bedroom, slowly but surely strippin aff
while deein this dance that maks ye snort-laugh.

He opens the sex draaer,
tiks oot the bottle o lube
and a couple o toys,
but aifter a quick lick, he skips
the foreplay and starts
riding ye reverse cowboy.
As much as ye enjoy the view,
yer eyelids seen start tae droop.

Ye should never have laid doon on yer back.
Too late noo – aathing fades tae black.
Argentinian. Cape Verdean. Aiberdream...
Ye'r stood on Belém tower, lookin ower
at Ponte 25 de Abril. The sun at full beam.
Ye breathe in the Lisboa sea breeze.
Then whack!
Something gies ye a slap and ye seen waak
tae see him nyakit, lookin roon.
'Hey!' he shrieks.
Still inside him, ye say,
'Sorry, I think I'm asleep...'

II

Noo ye'r baith stark-bollock nyakit
he seems mair keen tae spik
than fan he first arrived
and cut straight tae the kiss.
Ye'r startin tae be sucked in
bi the gravitational pull
o the olive-green disks
at the centre o his een.

His hair is jet black and thick,
wi a widow's peak that maks
him look like some kinda twink tak
on Dracula, though he didna quite
suck yer blood the night.

He explains he comes fae the big tae
at the end o the sooth o Italy –
Reggio Calabria, a city
famous for earthquakes,
bronze sculptures and bergamot.
Instead o that citrusy scint,
he smells like a student flat –
half-eaten Domino's pizza boxes
sprayed wi cheap deodorant.

He asks if ye've ever been in love.
Jesus fuck!
'At least once,' ye reply. 'Maybe twice.'
He's convinced he'll hae
only one great love in his life.
Aa ye can think is: 'Aye, right.'

He asks if ye believe in God.
In the beginning was the Word.
'No, I don't quite...' ye trail aff,
lost for words, trying nae tae laugh.
He says that he goes tae the church
just doon the road – Bon Accord.
Since he arrived here last year,
it's his hame away from home,
far he feels the maist welcome.
'I went to church till I was thirteen
because my faimily always made me
but I've never really quite believed.'
Ye avoid lookin him in the een.
In the beginning was the Word,
and the Word was with God.
He says his dad is a Deacon,
fitiver that means.
'Does he know your gay?'
He shaks his heid.
He wishes he was able to say
but he's nae sure he ever will be.
Some things are better left unsaid, maybe.

You tell him ye understand,
and that he's nae the first
son of a preacher man
that's been in this bed.
In the beginning was the Word,
and the Word was with God,
and the Word was...

Fuck... here he goes again,
askin mair intense questions,
askin if ye get on wi yer dad okay,
if he accepts the fact ye'r gay.
Suddenly ye'r affa aware
ye'r lying ere, completely bare.
I was cold. I was naked.
Were you there? Were you there?
Ye say, 'Well, at first it was aakward.
I guess you could say he's a bittie... backward.
Then I thought he'd more or less accepted it
until, just the other week, ten years on,
we had a few pints and ended up in a fight...'
Ye stop there, but can hear yer dad's vyce
slurring his words as he sneers
that he sees fit ye post on thon Facebook –
'Ye must be aff yer heid.
They're ruining oor country.
We need Brexit tae be clear
o these foreigners aawye.

Aa these Polish folk I see
fan I'm deein my shoppin
doon the toon in Peterheid.
And blimmin Muslims wi their bombs
and their scarfs roon their heids.
We need tae get shot o the lot,' he seeths
aa ower again, his vyce echoin
roon yer heid as ye stare richt through
this loon lyin afore ye, tryin tae tell ye
that ye should send yer dad a text,
that if nae, someday ye might regret it.
When I needed a shelter, were you there? Were you there?
When I needed a shelter, were you there?
'I would but he went too far,' ye say,
as ye mind yer dad threatenin tae
gie ye a hydin ootside the bar
but only aifter tellin ye
that ye'r an embarrassment,
that you being a writer and gay
means that ye'll die alone wi naething
tae yer name een day.
Nae mortgage.
When I needed a healer were you there, were you there?
Nae bairns.
When I needed a healer were you there?
Nae naething.
And the creed and the colour
and the name won't matter.
Were you there?

Ye sit up in bed and face the waa.
Ye canna keep this gan ony langer.
'I'm feeling pretty tired,' ye say
tae yer Italian stallion
wi nae word o a lie.
He gets dressed, then,
withholdin a final kiss,
ye say yer final goodbyes.

Colonnade

An ancient order mocking modern strife,
this granite gateway between death and life:

watch Helen of Troy attempt to sail
her buggy through showers of battering hail;

old Poseidon's fingers turn cold and numb
as he waits for a bus that never comes;

laden with bags, Leda and Ganymede
fail to flee from seagulls at high speed;

and Dionysus rounds up drinking pals
to commence their daily Bacchanal.

As day turns to night, Apollo appears
to strum his guitar for coins and jeers;

Aphrodite spurs on Ares to war
with the man who bashed the back of their car;

engrossed in snapping an epic selfie,
Heracles is knocked down by a taxi;

and poor Dionysus, bleezing since ten,
has got his heid stuck in a bin again...

These ordered columns could not presage
that chaos would rule in our modern age.

The Shelter

A found poem from the bus shelters
of Aberdeen's Union Street.

I'll wyte half oor for the next bus. I d'a gie a fuck.

What are you going as for Halloween?

Watch oot... Ye ken fit like he is for his chicken...

Ye can't kill wasps
because the rest of the colony will get us.

Dasz mamusi chrupkę...
Mmmmmm.

Aye, at was my ex. She's an attention seeker.

I was just so aware of what was going on
and everyone looking at me.

I think that's the number 23 coming.

They thought ye were getting the jail, eh?

Well, we did the nine holes.
It was just something to do, ye know?

See we had a party, and John battered
his heid aff the waa.

You know, like, the big tubs!

I just said to Barry, I'm nae deeing that.
Fuck that.

I mean he shouldn't have left her.

No, I've not been on Facebook in a while.

What would you call it?
Pry-mark or Pree-mark?

I'm nearly 40 and I can still keep up
wi the young ones.

See in the kitchen at work, there's a window
that's hard to open...

Frozen.

– I wanna do ace face make-up.
– Like when Ava was a cat?
– No, not that.

Ye've got aathing else but bread?

The 16? That should go through Guild Street
where it makes sense.

They thought ye were getting the jail, eh?

– That's ma lad, aye.
– How ye doing? I'm Barry.

Just going back to the office now.

And they were like 'This is the one!'
and then they were like oddly loving it!

How old are you? Sorry, if you don't mind
me asking? ... That's young!

No, but a wasp came in the other day
and my boss said, 'Ye can't kill wasps
because the rest of the colony will get us.'

The worst thing is like, if you like...
you know, you can't say anything
to the hospital.

– Three... Jesus Christ, he's fucking loaded!
– I know. It's so expensive.
– Yeah, but do you know I get 10% off?

Remember that weird uncanniness you got in Tron Legacy?

Fit a fleg!

The department she worked at before was glad
to see her go. She wisna laughing
by the time I'd finished wi her.
I dinna dee the calm thing very well.

What are you going as for Hallowe'en?

Alan? ... Oh Ally. I thought ye said Alan.
Oh, Ally's the fucking worst, min.

Dziękuję... Mmmmmmm.

Jesus, that boy nearly walked into that bus.

Watch oot... Ye ken fit like he is for his chicken...
Chicken George!

It's who you know, not what you know.

See we had a party, and John battered
his heid aff the waa... Aye, well,
naebody gets in my hoose noo
because aabody stole fae ma...
I poured oot a litre and a half of vodka
the ither day because it was just watter.

See in the kitchen at work, there's a window
that's hard to open because you have to reach
over the sink, and so I've brought in my golf club.

No! Don't open it yet.

I don't really like Colin Firth.
Do you like Colin Firth?

– No, I've not been on Facebook in a while.
– Too much trouble on at Facebook.

– I'm was just so aware of what was going on
   and everyone looking at me.
– Yeah.
– The worst thing is like, if you like...
   you know, you feel like you can't say
   anything to the hospital.

I dinna ken if at's a bird makkin at noise
or a bairn.
It's like a bird squawkin.

They thought ye were getting the jail, eh?
But all that fucking shit they said about ye.
They thought ye were getting the jail.

– Here's the 16.
– The 16? That should go through
   Guild Street where it makes sense.

She laughs. I says, ye may get a surprise
some day. She just laughs.

What are you going as for Hallowe'en?

I just said to Barry, 'I'm nae deeing that.
Fuck that. I'm nae changing my ticket.'
He says, 'I've got a mid-shift on Thursday.'
I says, 'Fine, I'll take that.'

– Watch oot... Ye ken fit like he is for his chicken...
  Chicken George!
– Aye, well it's on offer right noo.
  Two packs for the price o one!

Dasz mamusi chrupkę...
Mmmmmm.

– See in the kitchen at work, there's a window
  that's hard to open because you have to reach
  over the sink, and so I've brought in my golf club.
  It's the only golf club I have, because me
  and Davie, right... well, we did the nine holes.
  It was just something to do, ye know?
  But I got rid of the golf clubs to a charity shop,
  but I kept the putter. And I've been using that
  to try and reach the thing,
  the vent on that window. So like, obviously
  if I'm cooking, I use the putter to open it.
  And then I'll shut it to stop spiders
  and wasps coming in.
– Ye wimp.

- No, but a wasp came in the other day
  and my boss said, 'Ye can't kill wasps
  because the rest of the colony will get us.'
  Eventually, it flew back out but because
  I hadn't brought in my golf club yet,
  here was me waiting for it to fly
  back in the window and kill me.
- Here's the 16.
- The 16? That should go through
  Guild Street where it makes sense.
- Oh well, there's nae common sense
  in Aiberdeen City.

- What are you going as for Hallowe'en?
- A big fucking slut.
- So you won't need to dress up then?
- ... I wanna do ace face make-up.
- Like when Ava was a cat?
- No, not that. Let me show you
  some make-ups. Hold on...
  Imagine doing that!
- I think that's the number 23 coming.
- Or even this one. Look at that!
- Aye, I think that's it there.

Dasz mamusi chrupkę... Dziękuję...
Mmmmmmm. ... Oh!
Jedzie autobus!

Snug Bar

Linger on that cobbled corner
far James and Virginia Street meet,
ye micht hear the clink o glass,
a smoker's rasp, the soft scuff
o ashtrays dichted clean, the whine
o the foamy glass-washin machine
as its coorse bristles furl bricht green.

Listen for pound coins rattlin doon
the bandit as barmaids shout through
the cellar hatch – the till pings, stappit-fu!
Hear the repeated *whack* o darts
puncturin holes aa ower the waa,
the urinal's spluttrin waterfaa,
the mannies mummlin at the bar...

Och, noo there's only revvin cars
and a scurrie's lonely *caa–caa*
abeen this impty carpark far
the Snug Bar eence stood – this void
atween funcy flats far folk hide inside,
deef tae the last orders bell chime
and the '*Drink up! It's hame time!'*

Aiberdonian Antisyzygy

I

Ye wander through
Louisville Avenue,
Belgrave Terrace
and Belvidere Crescent,
ordered streets
that soond funcy,
like they belang
in Frunce or Italy.
As ye tilt back yer heid
tae tak a sip o yer latte,
the granite street sparkles
at the corners o yer een –
this is a bonnie, clean part o Aiberdeen,
a fine place for Grzegorz tae find his feet,
stop feelin trapped in that guesthoose
halfwye doon Holburn Street.

Ootside number 2 Claremont Mews,
the Property Leasing mannie is wytin.
His shirt is ticht aroon his waist
his oxters a darker shade o blue,
soaked through wi swiyt.
G tells him you're just a friend
who's come along to keep him right.
Ye follow aifter them like a tail, trailin through
the warm lobby intae the living room –

widden fleers, comfy settees,
wide windows and a flat-screen TV.
A soor smell o BO whafts yer wye
as the Property Mannie rushes aheid.
'And here's the kitchen,' he sighs,
afore piyntin oot the fridge-freezer
and denner table are a decent size.

Yer chiks start tae feel flushed.
Yer heid feels a bittie groggy.
Nae enough watter?
Ower-muckle coffee?
Oh Christ, his BO's bowfin...
Ye tak wee breaths
tae stop yersel cowkin.

G disappears intae one room
and reappears oot anither,
repeats this process
aboot fower times ower
rearrangin furniture in his heid,
guesstimatin how life here might be.
Compulsion? Revulsion?
The flat seems fine tae you,
but you're easy-pleased,
happy tae say, 'This'll dee',
while he opens every cupboard,
and turns every tap
like an alien just crash landit
intae the flat.

Tae build his confidence,
ye let him spik for himsel
as he does his best tae ask
aboot rint and tax,
electricity and gas,
but this boy keeps cuttin him aff,
giein him half answers and spraffin shite
that even you canna unnerstand right.

Yer hackles start tae rise
fan G tries tae ask anither wye
but instead gets spoken tae
like he's some deef aul mannie –
loud. and. slow.
and. stac-cat-to.
wi jist. a hint. o psycho.
G starts trippin ower his tongue –
it's time tae stop playing dumb,
tae intervene and mak it clear
that ye'r native tae Aiberdeen.

'Does he need a guarantor
or is a deposit enough?' ye ask.
The boy's face draps –
he disna dare cut *you* aff.
He tries tae smile as he replies,
'I'll need to ask the landlady,
but it could be a double deposit,
or a guarantor, or both, maybe.

And sometimes some landlords
expect three months rent upfront,
when the tenant is...'
He stops himsel, gies a wee grunt,
then this lang silence – oh God...
Finally, he says: '...from abroad.'

Ye dee the maths – that's three grand,
jist tae move in. Never mind the rest...
'And just to add, the landlady requests
no parties. No pets. No noise. No mess.'

Wi the coffee crash numbin yer heid,
ye'r gaspin tae say it's time tae leave,
but G disna ken hoo tae read yer een
and instead declares he's definitely keen.
Ye want to speir if he's just saying that
cuz time's runnin oot on his current lease,
but too late –
he maks an offer below askin price.
Ye stifle a sigh and sae yer goodbyes,
mak yer wye tae the door and heid ootside.
Finally, ye can breathe –
fresh air and a fine breeze –
but hoo come ye still feel numb
as ye heid on through these
glintin granite streets?

II

We're on the edge. Tap o the cliff. Big drap.
Field o coos on the right. The sea doon ablow.
Thick wi flooers, we waak the safe path.

The plants are 'rank',
accordin tae G's vocab app.
Ye say, 'Rank?... Like "Dis-gus-tan!"'
He laughs, but looks taen aback.
'Sorry, I've never used "rank" to describe plants.'
He's Googlin –
Rank: (of vegetation) growing too thickly and coarsely.
'Sounds Dickensian. I mean posh. I mean... English-y.'
We waak atween the coos and the sea.

He's on this tap – a t-shirt, aa black
except for some writin scraaled ower –
I speak Polish. What's your superpower?
A couple stare as they ging by.
Ye search their eyes,
try tae see inside...
They're thinkin, 'Fuckin foreigners...'
They're thinkin naething o the sort.
Stop echoin vyces heard ahin closed doors –
'FUCK-IN FOREIGN-IRS!'
The couple disappear doon taewards the sea.
Under his breath, G murmurs
that they might be Polish too, maybe.

Ye'v made it tae Dunnottar finally.
It's rainin in slow-motion as G taks pictures
tae send tae his brother and sister,
tae show them Scotland's beauty.
God! Ye forgot hoo bonnie it could be.
The burnie tricklin ablow,
the air waarm, surprisingly.

Scurries skirl and swoop up
ower the castle ruins
that croon the craggy ootcrop.
Viking ships... Pictish forts...
Civil waars... Mary Queen o Scots...
Aa this grey cloud above reid rock.

Back alang the cliff tap
atween the sea and the coos.
G tries tae feed straans o grass
intae een o their moos.
It jist stands ere confused.
Dinna think it. Dinna think –
Wid a Polish coo tak the grass intil its moo?
Christ's sake! A coo is a coo.
Fit's the Polish for coo?
Should've been on Duolingo by noo.
Nowa kaczka je chleb.
Fuckin Duolingo, min.
The 'new' duck is eatin breid?
God, the things that gang on in yer –
Ye've drifted aheid...

G's staanin back ere, starin oot tae sea.
Bonnie broon een, hair flichterin in the breeze.
Ye ging back, try tae tak him bi the haun.
He pulls it awa. He's nae quite ready.
Ye feel yer face flush reid.
Nae quite ready.
Steady. Ready, steady, stop.

Ye stand bi his side an waatch
the smaa waves fizz and crash.
He asks if ye ever imagine jumpin aff?
'Sometimes... Off bridges. Not from cliff tops.'
He confesses he's got the urge tae push ye.
Is he tryin tae pit ye aff?
He says these compulsions scare him.
Yer een widen. Ye gie a wee laugh.
Ye go tae say, 'Dinna be daft',
but he disna understand
this vyce ye hide inside.
Compulsion. Revulsion. Jekyll. Hyde.

Ye lead yis baith up the nearby hill
tae see the Great War memorial.
Yalla gorse. Rubbit holes. Daffodils.
Inside the memorial's granite ring
ye search the deid's surnames for yer ain,
and ye wonder fit these men wid be thinkin noo,
lips parted, his tongue slidin intae yer moo,
kissin slowly in the slow-motion rain.
Eyes closed. Waarm lips. Switched-aff brain.

Back doon taewards Stonehaven,
ye'r baith gaspin, thrapples raspin,
so G tries tae distract ye fae yer thirstin,
tells ye een o the langest words he kens –
Konstantynopolitańczykowianeczka.
'A girl who lives in Constantinople.'
Must come in right handy...
as handy as tits on a turtle.
As handy as *Nasza ryba nosi koszulę.*
'Our fish wears a shirt.'
Fuckin Duolingo. Heap-a dirt...

G follows ahin ye, doon intae The Marine.
'We're just here for drinks. Not dinner.'
Ye sit doon in the very back corner.
The waitress dichts the table clean.
She asks him fit he wants in a blur,
a nervous rush, a mush o words.
God, aabody spiks so fast...
Us Scots canna get it oot quick enough
and this peer loon blushin, sat ere wishin
he could push that Duolingo tortoise button.
Get us aa tae slooooow doooooon,
taaaaak ooooor tiiiiiiiime...
Instead, his eyes beg ye tae decide,
so ye ask the quine for twa different pints.
'If you don't like yours, you can have mine.'
He thanks ye, his face still bricht reid.
Will he ever be good enough? he wonders.

To understand ev-er-y-bod-y?
'Nobody's ever spoken English perfectly.
It exists in all these... confusing varieties.'
He'd nivver fully understand *you*.
But has onybody?

Caul creamy pint. Golden stream
runnin doon till yer belly sweels.
A foamy rift rises up, ye release it
and deflate aa these... feels.
A calmness. A numbness? A saft sigh.
G reaches oot a haand ablow the table.
Oot o sicht, clasped fingers rest on yer thigh.
...
In this golden silence, ye baith glow inside.

The Hert o the Moontin

Grunite fae the hert o the moontin
clooks the backs o oor een,
lines oor young lungs.

Grunite fae the hert o the moontin
snaps oor fingars,
stumps on oor feet.

Grunite fae the hert o the moontin
faas fae the blondin,
opens oor skulls.

Grunite fae the hert o the moontin
entombs us aneath:
earth tae earth.

Grunite fae the hert o the moontin
hauds us in urns:
ashes tae ashes.

Grunite fae the hert o the moontin
staans heich abeen us:
dust tae dust.

Stillarie

Returnin hame fae feedin beasts,
I pit doon ma cubbage waukin steek,
licht up ma pipe and puff oot reek
taewards ma rifle wa up heich.

Ma backbeen cracks as a tik ma seat
at a table laid wi crumbs o breid.
Ablow the wally-dowg muntelpiece
the kettle jeels, the embers dee.

Noo the clythes have dried, I'll fald the sheets,
gie her a chunce tae get some sleep –
she's spent aa mornin on her knees
scrubbin fleers and dichtin beets.

As I fald the sheets bonnie and neat
and the yawks thaaw in ma back and feet,
I tak tent o seelence, I feel release.
This is my time, sae gie's peace.

A Tod's Thocht

I
cam scoolin
fae the cleuch,
sekan tae be hyne
awa fae jeelin snaa.
Leave ma aleen
tae berk at the meen –
I'll mak nae
reerie amo the stirks, winna
bather yer lams,
hens or cocks.
Jist lat ma lie
aneath yer lum,
the rik warmin
throu tae ma roosty tail
as snaa faas
doon ower this warld,
pintin it fite
an smorin it hale.

Just Another Job

At the drop of a hat,
I would be off the tractor
and into the house, sketching.

I love my family and I love Scotland,
but I had this feeling I was biding
my time for something,
so I wanted to get away...

Yet I don't regard my life today
as a terrific contrast to farm life.
It's just another job, Bill says.

* * *

Picter this – famed fashion designer Gibb
cairted oot tae the mairt at Maud fan wee
tae help sell his faither's livestock, their weichts
chaaked up on the board ahin an auctioneer
ballin, *Eicht hunner kilos... Some coo!*
as an Aiberdeen Angus gings roon the ring
far rows o mannies wi rosy-chiks, flatcaps
and tweed jaikets waatch, a kirn o their hands
makkin bids for this jet-black beauty,
her dark fur glistrin abeen meaty ribs.

But these models are mair contermacious
than yer Twiggys or Bianca Jaggers:
tak tent o this reid-coatit heilan coo,
her fluffy facie lookin awa in a sloom
as a pile o steamin sharn skitters oot
ontae the fleer – a young cheil is quick
tae cover the slick wi handfaes o saadust
as the auctioneer's hammer faas doon.
Wi a skelpit dowp, she heids oot the roup
tae jyne the queue for the slaaterhoose.

Noo it's time for the star o the show...
This bull's ower eleven hunner kilos!
It chairges roon the ring and the fairmers lowp
back fae the rail as horns sleesh the air
abeen their heids – nae wullin matadors here
flappin muletas tae enflame the fashin
o this gruntin beast as it hyter-styters
aboot the place file the bids are made.
Fan its *Sold!*, aff it gings through the gate,
noo worth its weicht in sperm, beens and maet.

And wi that, Billy is back on the train
heidin up north tae hame again...

* * *

Billy's sister pynts at the framed picter,
hung up proodly in her upstairs lobby:
An Exclusive Design for DAILY MIRROR
by Bill Gibb Couture. It's a watercolour –
a reid-heidit quine wi this silk robe slippin
aff her shooder, flowin doon tae her ankles
in mint green and rosy-pink pleats,
and golden sandals strapped tae her feet.

I'd say, 'Billy! The sheen look like coo's hoofs!'
and he would jist lauch at me… But they dee!

Fae the shape and line, ye see fit she means –
skinnymalinky legs teeter on wedges
that wid mak ye mince aboot like a soo
if ye'd nae a coo's poise and fermitie.

…Oh, Billy wis jist an ordinary man
and a man fa wis extraordinary.

Last Stop

Another found poem from Union Street

Hello. Can I do something unorthodox?
Remember that weird uncanniness you got
standing on street corners,
trying to become independent?
The things that gang through yer heid!
Ye were standing in my footsteps, because I was there and-aa.
I got lost, I did.

You know, there's some crazy people in Aberdeen,
the city of hate.
It's who you know, not what you know.
I don't know where the money's coming from –
aabody stole fae ma,
the kids are gan mental,
the rest of the colony will get us.

Wanna stop for a little street magic?
You won't need to dress up.
Disna maitter if ye've got one eye or two.
No! Don't open it yet –
I dinna ken if at's a bird makkin at noise or a bairn.
Is it due now?
Sometimes they don't come.
It's coming?
This looks like it coming –
it's bigger and I love it!

Jesus, that boy nearly walked into that bus.
Ye just think o aa them folk that's been killt –
it's the funeral tomorrow.
There's no bombs going off now.
Ye may get a surprise some day...
Well, aabody's gotta die.

On ye go. You were here before me.
I'm nae waiting on this one.
I don't believe in God, sorry –
I'm not a ladder kind of person.
I'll wyte half oor for the next bus. I d'a gie a fuck.

Evening Departure

This evening at the foot of the Dee,
a pop-up picture book scene:
figures fall fast asleep behind
a paper city – Scottish siesta
after the day's unexpected heat.

Tug the tab on the left –
the standby boat leaves, sliding
out of the harbour mouth,
slow motion as three seagulls freeze-
frame in a warm sea breeze.

Can you hear the life ring's 'O'
as it glows in the golden light?
Can you read the vernacular
of cottages laying low
behind the flood barrier's might?

The night's drawing in – we must go:
reverse the boat back from the sea
into the paper's folds and cuts,
straighten up your jacket sleeve,
then carefully close these pages shut.

Origins of Poems

'DREEPIN' was written as part of CRUDE, a year-long research project and final exhibition reflecting on our complex relationship with oil and gas. Curated by Rachel Grant (Fertile Ground) and supported by Creative Scotland, my work was displayed alongside that of artists Ashanti Harris and Alison Scott.

'The Chapel Silour' was written during my Scots Scriever residency at The National Library of Scotland across 2022–23, supported by Creative Scotland. It is partly inspired by a 1955 film, 'A Growing Concern', about reafforestation in Deeside from the Moving Image Archive, as well as the 2021–22 winter storms which devastated woodlands across Aberdeenshire.

'Dwams' was written as part of the *Doric Dwams* project, supported by Aberdeen City Council's Creative Funding. Textile artist Frieda Strachan stitched each haiku onto a weaving for a fibre art trail displayed across the city. All of the weavings were sold with proceeds going towards Rape Crisis Grampian where we also ran workshops.

'The Wardhoose' and 'Colonnade' were written for Gabi Reith's *Unreal Estate* project responding to the architecture of Aberdeen's Union Street for the 2016 Look Again Festival.

Several of the poems were written during my time as writer and consultant on Grampian Hospitals Art Trust's Shared Collective Heritage project, 2019–22, through which I responded to various artworks in the collections by the likes of Donald Addison, Neil Gall, Janet Melrose and Willie Watson. The poems are 'Majesty', 'Scaffolding City', 'Snug Bar', 'Stillarie', 'A Tod's Thoucht' and 'Evening Departure'.

'Fuckin Foreigners' and 'Aiberdonian Antisyzygy' were written as part of a longer monologue for performance supported by Ten Feet Tall theatre company and Creative Scotland throughout the second national COVID-19 lockdown across 2020–21.

'The Shelter' and 'Last Stop' are the first and last scenes of a 1-hour stage show developed with visual artist Kate Steenhauer and musician Ross Whyte, last performed in 2019 and supported by Aberdeen Performing Arts and the National Theatre of Scotland.

'The Hert o the Moontin' was originally written for the National Theatre of Scotland's *Granite* production, performed in Aberdeen's Marischal College Quad in 2016.

'Just Another Job' is inspired by my research into Bill Gibb for my spoken-word film, podcast and 2019–22 exhibitions, 'The Bill Gibb Line', supported by the Scottish Book Trust, Look Again Aberdeen and Aberdeen Art Gallery at various stages.

As well as the projects listed above, a number of the poems have previously appeared in *Gutter*, *Northwords Now*, *The Granite Mile* (Aberdeen University Press, 2017) and *Tales fae the Doric Side* (Doric Books, 2023).

Acknowledgements

With thanks to Wayne Price and everyone else within the University of Aberdeen's English and Creative Writing departments who helped encourage my writing – particularly in Scots – as a student, and who are ever supportive now as colleagues.

Kate Steenhauer and Ross Whyte for being fantastic collaborators to work with during 'The Shelter' development from which my love of working with verbatim was fully realised.

Rachel Grant and Ten Feet Tall for creating brilliant projects which kept me going creatively (and kept me sane!) during the pandemic. Also many thanks to Neil Rothnie, founding editor of *Blowout.*

Lesley Thomson and Grampian Hospitals Art Trust, for allowing me to be inspired by the special art collection at GHAT and to share my take on ekphrasis with others.

Former colleagues at Art UK, Creative Learning (Aberdeen City Council) and the Sir Duncan Rice Library who supported and encouraged the various writing projects I juggled over the years alongside the day jobs.

Alice Heywood and all of the staff at the National Library of Scotland who supported me during my year as Scots Scriever.

Duncan Lockerbie of Tapsalteerie for seeing the possibility of this collection and supporting me to make it a reality, and to Scottish Book Trust and the Scottish Government for the Scots Language Publication Grant support.

Finally, a muckle thanks tae ma faimly and chums fa hiv aa supported ma in their ain wyes, and hiv aa hid tae put up wi my richness o embarrassments...

www.tapsalteerie.co.uk

Tapsalteerie is an award-winning poetry publishing house based in rural Aberdeenshire. We produce an eclectic range of publications with a focus on new poets, translation, collaborations and innovative writing.